Separação saudável, filhos estáveis

COLEÇÃO PENSAR POSITIVO

Adeus à insônia e... ZZZZZZZZZZ
Rosalba Hernández

Afaste-os das drogas com jogos criativos
Adriana Gómez Clark

Bebês felizes com exercícios, jogos e massagens
Clara María Muñoz Gómez

Boas razões para deixar de fumar
María del Rosario Herrera Ardila

Como superar as perdas na vida
María Mercedes P. de Beltrán

Desenvolva sua inteligência emocional e tenha sucesso na vida
María Mercedes P. de Beltrán

Disciplina sim, mas com amor
Annie Rehbein de Acevedo

Encontre as forças do amor familiar e... viva-as
Gloria Luz Cano Martínez

Gotas de ânimo para descobrir as coisas simples da vida
Margot Vélez de Pava

Pensar positivo – Mude o disco de sua mente
María Mercedes P. de Beltrán

Posso aprender antes de nascer
Myriam Silva Gil

Preocupe-se menos... e viva mais!
María Mercedes P. de Beltrán

Separação saudável, filhos estáveis
Annie Rehbein de Acevedo

Ser feliz! A decisão é sua
María Mercedes P. de Beltrán

Sou adolescente... Entenda-me!
Ángela Marulanda Gómez

Vença a timidez com sucesso!
Dora Salive e Nubia Díaz

Você pode sair desta crise
María Mercedes P. de Beltrán

Voltar a viver... após a morte de um ente querido
Claudia Beltrán Ruget

Annie Rehbein de Acevedo

Separação saudável, filhos estáveis

Atitudes positivas e condutas que os pais devem assumir, afirmações que os filhos precisam ouvir para seu equilíbrio emocional

Paulinas

Dados Internacionais de Catalogação na Publicação (CIP)
(Câmara Brasileira do Livro, SP, Brasil)

Rehbein de Acevedo, Annie
Separação saudável, filhos estáveis : atitudes positivas e condutas que os pais devem assumir, afirmações que os filhos precisam ouvir para seu equilíbrio emocional / Annie Rehbein de Acevedo ; [tradução Cristina Paixão Lopes]. – São Paulo : Paulinas, 2007. – (Coleção pensar positivo)

Título original : Separación sana, hijos estables
ISBN 978-85-356-1907-2 (Paulinas)
ISBN 958-8204-16-X (ed. original)

1. Divórcio 2. Filhos de pais separados 3. Pais e filhos 4. Psicologia infantil 5. Separação (Direito) 6. Separação (Psicologia) I. Título. II. Série.

06-9757   CDD-155.44

Índice para catálogo sistemático:

1. Filhos de pais separados : Psicologia infantil 155.44

Título original da obra: *Separación sana, hijos estables*
© A Uno A Editores, Bogotá, 2004.

Direção-geral: *Flávia Reginatto*
Editora responsável: *Luzia Sena*
Assistente de edição: *Andréia Schweitzer*
Tradução: *Cristina Paixão Lopes*
Coordenação de revisão: *Marina Mendonça*
Revisão: *Patrizia Zagni e Leonilda Menossi*
Direção de arte: *Irma Cipriani*
Gerente de produção: *Felício Calegaro Neto*
Projeto gráfico: *Telma Custódio*
Capa e editoração eletrônica: *Renata Meira Santos*
Ilustrações: *Vasqs*

Nenhuma parte desta obra pode ser reproduzida ou transmitida por qualquer forma e/ou quaisquer meios (eletrônico ou mecânico, incluindo fotocópia e gravação) ou arquivada em qualquer sistema ou banco de dados sem permissão escrita da Editora. Direitos reservados.

Paulinas
Rua Pedro de Toledo, 164
04039-000 – São Paulo – SP (Brasil)
Tel.: (11) 2125-3549 – Fax: (11) 2125-3548
http://www.paulinas.org.br – editora@paulinas.com.br
Telemarketing e SAC: 0800-7010081
© Pia Sociedade Filhas de São Paulo – São Paulo, 2007

Amigo leitor

O fim de um casamento é um momento bem difícil. Você está se separando ou divorciando da pessoa com quem viveu e partilhou boa parte de sua vida. E seus filhos são vítimas inocentes dessa situação.

Seguramente, eles serão os mais diretamente afetados pelas resoluções que você venha a tomar com seu/sua parceiro/a. Portanto, é necessário que se tenha uma coisa em mente: as decisões – ainda que bem-intencionadas – estão sendo tomadas por adultos emocionalmente alterados, que estão passando por uma fase de muita confusão e de grande intensidade emocional.

A súbita transformação em "pai ou mãe solteiro/a" requer grandes ajustes na vida pessoal e social. Quase todo mundo interpreta o fim de um casamento como um fracasso e, portanto, há fortes sentimentos de culpa e dor. Assim, é fácil não dar atenção às necessidades emocionais dos filhos.

Este pequeno livro tem exatamente o propósito de ajudar você e seu/sua ex-parceiro/a a viver essa ruptura da maneira mais saudável possível para seus filhos.

Sem dúvida, não é uma tarefa fácil, pois implica um compromisso sério e uma boa disposição psicológica de ambos, além da preocupação comum pelo bem-estar das crianças.

Ao longo de minha vida profissional, pude comprovar que há uma grande diferença entre os filhos de pais separados e sensatos e os filhos de pais que não se esforçaram seriamente em terminar a relação de forma equilibrada...

CAPÍTULO

O ressentimento
dos pais

No processo de dissolução de um casamento, o casal atravessa várias fases. A que mais afeta os filhos é a que denominamos raiva, pois, durante essa fase, os pais não conseguem controlar seu ressentimento e o descarregam indiscriminadamente, por meio de condutas impulsivas. Portanto, a raiva, a ira e o ressentimento são os sentimentos com os quais os pais devem aprender a lidar melhor, para que seus filhos não sejam tão afetados.

Alguns pais reprimem essa raiva, que termina, muitas vezes, em uma profunda depressão. Geralmente isso acontece com o cônjuge abandonado... Pois em uma separação há sempre um que vai embora, normalmente a pessoa que decidiu se separar, seja porque o amor terminou, seja por causa de outra pessoa, ou ainda por desinteresse na relação conjugal. O cônjuge, então, transforma-se no/a abandonado/a, naquele/a que ficou sabendo tarde demais, no/a que se sente traído/a, e é quem se enche de uma intensa amargura, raiva... Portanto, *é perfeitamente normal que uma pessoa sofra com o abandono*.

É preciso, porém, saber enfrentar essa raiva, falar sobre ela, desafogá-la, e não a reprimir, como fazem as pessoas que, para evitar a dor, dedicam-se a trabalhar excessivamente, a beber "para esquecer", a viajar... ou a qualquer outra atividade que lhes sirva de distração. Essas atitudes só levam a uma fuga da realidade e a não processar bem a dor da separação. O único objetivo para quem age assim é conseguir sentir-se melhor e procurar apaziguar a raiva e a dor. Essa raiva e essa dor, entretanto, continuam lá dentro, latentes, e podem ser a causa de a pessoa continuar causando dano a seu/sua ex-parceiro/a e, conseqüentemente, a seus filhos.

É fato que tanto o divórcio amigável quanto o litigioso afetam os filhos, provocando-lhes emoções difíceis e duradouras. Apesar disso, muitos casais não pensam estar prejudicando seus filhos quando se atacam e ferem um ao outro. Eles vêem a relação com os filhos como algo totalmente independente do que acontece com seu antigo companheiro. Mas o que ocorre, na realidade, é que estão tão assustados e confusos que não conseguem reconhecer a própria dor. É mais fácil para eles pensar que estão procedendo corretamente, que têm razão em seu modo de agir, e não percebem o prejuízo que estão causando a seus filhos.

Não é o divórcio em si que destrói as crianças. É a reação dos pais que não as deixa adaptarem-se saudavelmente à situação.

Todos os estudos psicológicos realizados sobre o tema demonstram que, para os filhos de qualquer idade, os conflitos contínuos entre os pais são um dos aspectos mais prejudiciais do divórcio. Isso significa que aqueles que estão constantemente expostos às discussões sofrem mais, o que se reflete não apenas no seu comportamento, mas também em seu rendimento escolar.

E, por isso, é bastante comum que um filho seja reprovado na escola no ano em que seus pais se separaram.

Você compreende, então, por que é tão importante que os pais consigam administrar bem as próprias emoções? Durante a separação, o casal passa por uma fase difícil e necessariamente precisa de ajuda ou aconselhamento psicológico para que cada um possa se valorizar, pôr de lado as diferenças e juntos concentrarem-se em um método consistente de apoio que lhes permita transformar o divórcio em algo mais suportável para seus filhos. É preciso ter em mente que eles não possuem ninguém mais neste mundo que lhes dê a segurança e o amor necessários em um momento que parece ser "o fim do mundo".

*As crianças cujos pais deixam de lado
a amargura e a raiva
podem emergir como seres humanos
mais fortes e independentes.*

CAPÍTULO

Como se ajudar 2

Se você ajudar a si mesmo, já terá começado a ajudar seus filhos. Mas como fazê-lo?

Entender o que aconteceu

Esse é o momento de buscar dentro de você as respostas que lhe permitam entender o que o(a) levou à separação. Dessa maneira, poderá começar a encontrar uma futura estabilidade emocional.

- Se você se sente a vítima, pergunte-se que necessidades o/a estão levando a converter-se em vítima: dependência econômica, psicológica, pressões sociais...

- Olhe para trás e analise o que o/a atraiu a seu/sua ex-companheiro/a. Por que essa atração teria desaparecido?

- Avalie a relação de seus próprios pais e como ela o/a afetou; a relação que tiveram seus sogros como casal e como ela teria afetado seu/sua parceiro/a; que modelos de esposo e esposa vocês tiveram; e de que maneira esses padrões de comportamento determinaram a conduta de vocês durante o casamento.

- Analise a história psicológica de sua família. Assim, você entenderá por que escolheu seu/sua parceiro/a e que padrão familiar está repetindo. Somos o produto de uma história psicológica familiar, queiramos ou não.

Aceitar o fato de que
o casamento acabou

Casamento exige carinho e respeito. Mas se não é mais possível viver juntos, se foram esgotadas todas as possibilidades de reconciliação, é hora de enfrentar a realidade.

- Permita-se sentir a dor, a sensação de vazio, a raiva etc. Uma gama de sensações o/a invadirá, nenhuma delas agradável: perda, fracasso, rompimento... Também experimentará as emoções que acompanham estas sensações: tristeza, frustração, raiva. Isso é perfeitamente normal.

- É muito importante que você encontre alguém com quem possa falar, com quem desabafar. E mais, se puder pagar uma psicoterapia, será muito conveniente, especialmente porque poderá aproveitar esse momento de crise profunda não só para enterrar essa relação negativa, mas para construir um novo "eu".

Hoje em dia existem grupos de ajuda para pessoas separadas que se reúnem para dar apoio umas às outras. Também há pessoas divorciadas que de bom grado o/a escutarão, e isso lhe permitirá perceber que tudo o que está sentindo é bastante normal.

Cuidar de si mesmo/a

Nos momentos difíceis – como é o da separação ou do divórcio – é muito importante cuidar de si mesmo/a. Há pessoas que mergulham no trabalho ou se enchem de atividades, a ponto de se esgotarem fisicamente, mas não dedicam um só minuto a fazer algo por si mesmas. Assim, a autoestima fica em baixa, o que as impede de seguir em frente. Por isso:

1. *Disponha de um tempo para si*, para realizar atividades prazerosas que lhe agradem, que o/a distraiam. Por exemplo, procure um *hobby*, pratique um esporte, reúna-se com amigos, vá ao cinema, ao teatro...

2. *Relaxe e cuide de si mesmo/a!* É uma excelente maneira de conservar a saúde mental em momentos em que esta

pode ver-se afetada. E um pai ou uma mãe que cuida de si mesmo/a estará mais capacitado/a a ajudar seus filhos.

Buscar apoio em familiares e amigos

As amizades e a família também podem ajudar. É um momento tão confuso que seu apoio é essencial. Mas cuidado! Você precisa de *apoio*, não de intervenção. Peça a seus familiares que não interfiram. Também não é necessário contar-lhes tudo, mas buscar o calor que só eles podem proporcionar a você.

Uma vez superado o divórcio, quando puder olhar para trás com serenidade, você verá que a força do apoio incondicional de sua família certamente foi um dos fatores que contribuíram para a construção de seu "novo eu".

CAPÍTULO 3

Os filhos se julgam culpados

Os psicólogos preocupam-se muito com o fato de os filhos de pais divorciados, especialmente os menores, sentirem-se culpados. E... *atenção*! É importante tomar cuidado com isso, porque os sentimentos de culpa nunca geram algo positivo. Pelo contrário, fazem com que a criança se sinta diminuída e sufocada de preocupações que não lhe concernem.

Quais as razões para os filhos se sentirem culpados?

1. Eles pensam que o que motivou a separação foi algo que fizeram ou deixaram de fazer. Sentem-se tão importantes que acreditam ter o poder de consertar ou arruinar o casamento e, principalmente, culpam-se porque a perda de confiança em seus pais para eles é inaceitável. Parece-lhes correto pensar que eles, os filhos, são os culpados e não o pai ou a mãe, que deveriam ser *fontes infalíveis de verdade e segurança*.

Meu conselho:

Diante dessa situação, a primeira coisa a fazer é explicar à criança que ela não teve nenhuma influência no assunto: "O problema é entre mim e seu/sua pai/mãe. Você não tem nada a ver com isso. Não é culpa sua".

É importante repetir frases como essas de vez em quando. A clareza nesse assunto vai trazer alívio à criança que já começava a se sentir culpada, vai tirar-lhe um peso da consciência que, de outro modo, poderia acarretar-lhe outros problemas.

2. Muitas crianças ouvem as discussões dos pais sobre coisas que têm a ver com elas. Por isso, também na hora da briga final deduzem que são o motivo principal da ruptura, o que explica por que algumas, que eram muito peque-

nas quando os pais se separaram, ao crescerem e amadurecerem continuam se sentindo culpadas.

Meu conselho:

É preciso evitar, a todo custo, que isso aconteça. A criança não deve crescer exposta a discussões e opiniões divididas, porque vai aprender a se relacionar apenas por meio do conflito.

---

3. Quando os pais se separam, as crianças só os vêem falando e discutindo sobre assuntos relacionados a elas, porque depois do divórcio, o único tema costuma e deve ser os filhos. Qualquer outro – pelo menos inicialmente –, poderia indicar que se está vivendo uma separação não resolvida, resultando em insegurança para os pequenos. Isso não significa que, passado algum

tempo e curadas as feridas, não seja possível ao casal voltar a encontrar interesses em comum.

Meu conselho:

Fale com seu ex-cônjuge em um lugar de onde seu filho não os possa escutar e, mais uma vez, esclareça a seu filho que o problema inicial, o que provocou o rompimento, não tem nada a ver com ele.

CAPÍTULO

Outras conseqüências

*P*ensar que uma criança não será afetada pelo divórcio de seus pais é muita ingenuidade e uma ignorância total. Inicialmente, o divórcio *sempre* afeta os filhos e de *maneira negativa*. Representa o fim de suas principais seguranças e eles perdem muito quando a estabilidade do lar começa a desmoronar...

Baixa auto-estima

Um dos pais fez algo "terrível" ao abandonar o outro. As críticas constantes a esse pai ou a essa mãe não cessam. E os comentários negativos sobre um ou ambos os pais afetam o amor-próprio dos filhos. Eles deduzem: "Se meu pai (ou minha mãe) é uma pessoa má, eu também sou, porque sou produto dele/a". Os filhos de pais separados sentem vergonha diante dos outros, ao explicarem que seus pais já não vivem juntos, porque qualquer coisa que faça uma criança parecer diferente das demais é motivo de vergonha para ela.

Sensação de traição

Muitos adultos que cresceram como filhos de pais divorciados lembram-se claramente de como os pais se humilhavam mutuamente, e nunca se esquecem da dor que isso lhes causava. Também não se esquecem da sensação de traição que sentiam quando seus pais, sem querer, pediam-lhes para tomar partido. De uma maneira ou de outra, a mensagem era que "tinham de odiar um para que o outro se sentisse feliz".

Os pais, por estarem tão "envolvidos" em seu drama, às vezes não se dão conta de que seus filhos sabem reconhecer as mensagens negativas de suas palavras e ações. Um filho de pais divorciados, com cerca de 10 anos, me disse certa vez: "Meu pai vive furioso com minha mãe; ele a odeia". Quando eu lhe perguntei se seu pai dizia isso, ele me respondeu: "Não, mas eu percebo. Basta ver como fala com ela".

Meu conselho:

Não só as palavras falam, mas também as atitudes. Se você caiu nessa, reconheça-o e faça algo, antes que seja tarde demais para seus filhos.

Assim como podemos comunicar mensagens negativas sem necessidade de utilizar palavras negativas, também podemos enviar aos nossos filhos mensagens de amor... Um sorriso, uma carícia, um abraço sempre serão manifestações de amor e carinho. E nesses momentos, quando o amor dos pais é questionado, é necessário utilizá-las com mais freqüência do que nunca.

Manipulação

Os comentários negativos de um cônjuge em relação ao outro também ensinam à criança que ela pode controlar seus pais e manipular situações, levando os dois a competir entre si e, dessa forma, obter coisas que nunca pensou conseguir.

Por exemplo, filhos de pais separados ameaçam mudar para a casa do outro cônjuge se o pai ou a mãe com quem vivem não faz suas vontades. Ameaças desse tipo são utilizadas para que lhes comprem determinado brinquedo ou permitam fazer qualquer coisa. E os pais acabam, por medo, fazendo sempre a vontade do filho.

Meu conselho:

Essa não é a forma correta de agir. Quando há uma separação, deve-se continuar a seguir as regras da casa e, às vezes, até com mais firmeza do que antes. Se os pais divorciados fizerem um esforço para manter a unidade, os filhos vão se sentir mais tranqüilos e não vão poder manipulá-los.

O casal, como tal, já não existe,
mas os pais dessas crianças
continuarão a existir pelo resto da vida.
A unidade e o respeito que conseguirem como pais
determinarão a felicidade de seus filhos.

Queda de disciplina
e rendimento escolar

Se os pais puderem entrar em acordo quanto à forma de lidar com os filhos, serão estes, precisamente, os primeiros beneficiados. Caso contrário, as conseqüências serão negativas em todos os sentidos. Não apenas a auto-estima será afetada, mas também o progresso acadêmico e a disciplina.

Muitas crianças, numa tentativa de que seus pais entrem em acordo a respeito de algo – talvez a preocupação comum pelo fato de a criança ir mal nos estudos – começam a apresentar problemas escolares.

Para muitas crianças, a atenção negativa é preferível à ausência total de atenção.

Relação conjugal difícil quando adulto

Certas pesquisas demonstraram que os filhos de pais divorciados têm maiores probabilidades de também se divorciarem. Se as crianças não presenciaram respeito e cooperação entre seus próprios pais, dificilmente poderão ter uma relação saudável com seus parceiros no futuro.

No longo prazo, os efeitos da falta de colaboração dos pais, no que se refere a seus filhos, são notórios. Os filhos desses casais não conseguem superar as dificuldades de relacionamento, enchem-se de desesperança e acabam amargos, ressentidos e com pouca confiança nas relações humanas.

Sensação de ser "usado"

Os filhos sofrem grande mal-estar quando se sentem "usados" como mensageiros, do pai para a mãe e da mãe para o pai.

Meu conselho:

O papel dos filhos não deve ser de mensageiros, psicólogos, nem de confessores, pois isso implicaria tomar partido, o que é bastante difícil para um filho que ama ambos os pais.

É importante que o filho permaneça o mais afastado possível de mensagens negativas, comentários ou mexericos a respeito dos pais. Poder manter uma imagem positiva de ambos permitirá que ele acredite em seus pais e, portanto, em si mesmo.

CAPÍTULO 5

As etapas de dor vividas pelos filhos

As etapas de dor descritas pela psicóloga norte-americana Elizabeth Kubler-Ross – especialista no manejo da dor como conseqüência de uma perda – aplicam-se também ao divórcio. A desestruturação da família como unidade intacta gera uma dor intensa.

Essas etapas servem não somente para compreender a forma como as crianças lamentam perder o que têm, mas também o que poderia ter no futuro como família. Ou seja, que se sofra pela perda da família unida no presente e, também, por uma perda projetada para o futuro.

São cinco as etapas da dor da perda descritas por Kubler-Ross:

1. negação;

2. raiva;

3. negociação;

4. depressão;

5. aceitação.

Essas etapas podem ocorrer em uma ordem distinta e alguns filhos podem experimentar duas ao mesmo tempo. Outros ultrapassam uma etapa, mas retornam a ela, enquanto algumas crianças dão a impressão de haver saltado uma delas ou pelo menos havê-la superado rapidamente.

Negação

- É a primeira reação à notícia de que seus pais vão se separar. Para se protegerem psicologicamente, para não se sentirem esmagados e resistirem à dor, os filhos têm necessidade de acreditar que a separação de seus pais não é certa e fingem que tudo continua igual.

- A negação ajuda a criança a digerir a informação pouco a pouco. Também lhe permite evitar a preocupação constante com algo sobre o que não tem controle. É quando os filhos inventam pequenas mentiras sobre os pais: uma viagem de negócios, de férias... qualquer coisa, menos a realidade.

- As crianças em idade pré-escolar são as que mais usam a negação. Elas compreendem que o pai e a mãe são diferentes, mas não entendem a diferença entre o amor que os pais têm entre si e o amor que os pais sentem por elas. Por isso, quase sempre concluem que, se os pais deixaram de se amar, muito provavelmente deixarão de amá-las também.

Isso explica por que as crianças têm necessidade de *não aceitar* a separação de seus pais: somente assim elas podem acreditar em seu amor. E, em conseqüência, muitas manifestam comportamentos regressivos a etapas inferiores de desenvolvimento, como voltar a fazer xixi na cama ou falar como bebê. São reações naturais, por conta da separação.

- A negação também pode aparecer e desaparecer no transcurso de um dia, uma semana ou um mês. Há períodos em que a criança tem consciência total da separação e outros em que parece ter-se esquecido.

Meu conselho:

Em qualquer caso, dê à criança tempo para se acostumar, mas quando lhe fizer perguntas, confronte-a sempre com a verdade. É importante não negá-la.

Raiva

- Nessa etapa, os filhos ficam mau-humorados, agressivos e querem descarregar sua ira de qualquer maneira. Mostram-se, então, furiosos com seus pais, como se respondessem inconscientemente ao questionamento: "Como é possível que papai e mamãe tenham nos colocado nesta confusão?".

Essas explosões de raiva ocorrem inesperadamente. Muitas vezes, a criança não consegue nem explicar por que está tão aborrecida.

- Ainda que as crianças de todas as idades passem por essa etapa, os jovens pré-adolescentes (10-13 anos) podem ser os mais intensos na manifestação de sua raiva. Na mente deles, o divórcio é algo "ruim" e, portanto, alguém deve ser culpado. Eles acusam um dos pais e é nele que descarregam toda a sua agressividade.

Meu conselho:

Tenha muita paciência com os pré-adolescentes. Faça-os ver que uma pessoa não é a única responsável, que infelizmente o divórcio é muito mais complexo do que isso. Cada adolescente terá suas próprias inquietudes. É bom contestá-lo o mais honestamente possível, sem entrar em detalhes íntimos acerca da vida em comum dos pais.

- Nas crianças de 6 a 8 anos de idade, essa raiva também se complica. Para elas é impossível estar aborrecido com alguém a quem se ama. Sentem medo de perder um dos pais por essa raiva que experimentam. Decidem, então, evitá-la a todo custo, mas isso lhes provoca grande mal-estar. Assim, quando descobrem que é possível amar alguém e odiá-lo só por um momento, sentem um alívio imenso.

Meu conselho:

É importante saber lidar com a raiva de seu filho quando ela se apresentar, aceitá-la, valorizá-la, mas tudo dentro de limites claros: "Eu compreendo que você esteja aborrecido, mas não tem direito de derrubar a porta a pontapés".

É indispensável colocar-lhe limites quanto a essas expressões de fúria, pois a criança pode extrapolar, desrespeitar algum membro da família e assumir "condutas de poder" equivocadas. Sempre aceite o sentimento, mas imponha limites ao comportamento: "Se quiser gritar e bater os pés, faça-o em seu quarto"; "Você tem direito de sentir raiva, mas não tem direito de aborrecer os outros com ela".

Negociação

- Nessa etapa as crianças começam a imaginar que talvez possam unir os pais novamente. Fantasiam que haja algum tipo de acordo que impeça a separação. Então, decidem comportar-se bem – melhor que nunca – para evitar, assim, o rompimento.

É possível que, em seu inconsciente, os filhos pensem que a etapa da raiva não serviu de nada, que tudo continuou na mesma. Decidem, então, usar outra estratégia: a da amabilidade. Passam então ao outro extremo: voltam a ser agradáveis, obedientes e muito carinhosos.

- Segundo a especialista em perda e dor, Kubler-Ross, isso pode ter origem nos sentimentos de culpa. Ela sustenta que essa etapa de negociação é uma tentativa de adiar o que vai ocorrer. Ao negociar, a criança pode se consolar com alguma esperança e, assim, adiar um pouco mais a tristeza que, de qualquer forma, vai carregar dentro de si.

- Todas as crianças, *sem exceção*, passam pela etapa em que fazem "o impossível" para que seus pais voltem a se unir. Há algumas que até mesmo fantasiam isso a toda hora.

Meu conselho:

Aqui, novamente, você deve confrontar seus filhos com a verdade: "Não vamos voltar a nos unir. Não importa o que vocês façam ou deixem de fazer, nós já tomamos uma decisão". É importante ser claro e não lhes dar falsas esperanças.

Depressão

- Apresenta-se quando a perda é um fato evidente. E é a idade da criança que vai determinar como ela vai viver a perda.

- Os menores vão sofrer por haver perdido a segurança oferecida pela família. Começam a brincar menos com o/a pai/mãe ausente, ainda que essas brincadeiras tenham sido bem freqüentes antes do divórcio. *A quan-*

tidade de tempo que passaram juntos ou o grau de união que tiveram com o/a pai/mãe que agora está ausente não tem nenhuma relação com a intensidade do sofrimento que sentem os filhos diante da sua falta.

- Os filhos maiores, os adolescentes, estranharão a insegurança financeira e sofrerão mais pelas mudanças da situação econômica, pois isso os afeta em seu estilo de vida. O adolescente tende a querer ficar com quem tenha mais dinheiro.

- Outras crianças notarão a ausência do apoio emocional, não somente do/a pai/mãe ausente, mas também do/a presente, pois, com certeza, ele/a já não tem a mesma disponibilidade que antes.

- São tantas as mudanças que traz uma separação que a sensação de perda é percebida em todos os âmbitos... Perde-se a estabilidade do lar, perde-se a possibilidade de ter os pais unidos, perdem-se amigos, perde-se *status* etc. O pai e a mãe mudam, ainda que transitoriamente... É possível que os pais comecem uma nova relação, e isso também provoca desgosto, sobretudo no princípio. Tudo é resultado de perder "a vida familiar que se tinha antes do divórcio".

- Sem dúvida, os filhos sofrem outra depressão ocasionada "pelo que se perderá no futuro": o pai e a mãe não estarão juntos no meu aniversário, na minha formatura, no Natal, na partida de futebol... Para os filhos, é muito triste, sobretudo durante o primeiro ano, pensar em todos esses eventos, que são tão importantes para eles, e ter de vivê-los em circunstâncias diferentes das de costume.

Meu conselho:

Permita que as crianças expressem a tristeza que a perda da união familiar está lhes causando. Muitos pais não toleram vê-las tristes e, por isso, procuram acelerar o processo: "Não seja pessimista, veja o lado bom etc.".

É importante não queimar as diferentes etapas da dor e respeitar o direito dos filhos de sentir tristeza diante de algo tão real como a ruptura da unidade do lar. Deixe-os chorar. Isso é muito importante.

É fundamental fazer ver aos filhos as mudanças positivas que eventualmente virão, mas no momento adequado, mais adiante, quando já houver receptividade por parte deles e de seus pais, isto é, quando essa tristeza imensa começar a ser superada. Porém, tenha cuidado. Assegure-se de que não está interrompendo o processo normal da dor ao tentar animá-los.

Aceitação

- Finalmente, a aceitação – ainda que dolorosa – chega. A criança acaba por aceitar, incorporar e aprender a viver sua nova vida. Porém, isso vai acontecer gradualmente, e será diferente em cada caso. Às vezes demora meses; em outras ocasiões, até anos. Uma aceitação que não ocorra nos primeiros anos será difícil de ser alcançada depois, portanto deve ser tratada terapeuticamente.

- Quando há certos acontecimentos, como um novo casamento de um dos genitores ou a mudança de um deles para outra cidade, pode haver interrupção dessa etapa de aceitação. É possível que a criança sofra uma regressão a sentimentos de negação ou raiva antes de voltar a se adaptar.

O processo da dor dura entre um e dois anos.
Mais de dois anos de dor ativa
indicam um problema profundo.
Nesse caso é preciso buscar ajuda profissional.

CAPÍTULO

O que os **pais** devem fazer

Atitudes que minimizam as conseqüências negativas da separação para os filhos

1. Permita que seu filho se aproxime do/a pai/mãe ausente. Dê-lhe permissão para amar o pai (ou a mãe) – ainda que você o(a) odeie.

2. Nunca fale mal do pai (ou da mãe) ausente.

3. Proteja seus filhos do sentimento de culpa. Repita-lhes incansavelmente-que a separação não é culpa deles.

4. É comum que a criança entre 6 e 8 anos pense que, se nesse momento perdeu um de seus pais, com o tempo perderá o outro. Tranqüilize-a! O pai (ou a mãe) que não mora com ela deve fazer isso de modo especial. Deve estar com ela ainda mais freqüentemente do que antes.

5. Ambos os pais têm a obrigação de ser tolerantes e compreensivos diante das ilusões de seus filhos acerca de uma reconciliação. Explique-lhes com paciência e cuidado que isso não acontecerá.

6. Evite a todo custo expressar-se mal ou com grosseria a respeito da outra pessoa. Os filhos de todas as idades precisam de imagens positivas do pai e da mãe como base para construir sua própria imagem. A criança precisa ver o lado bom de ambos os pais, para conseguir encontrar também o seu.

7. Na infância há uma forte tendência a ver o mundo em branco e preto. Não há nuanças, nada é cinza. Conseqüentemente, as crianças tenderão a medir a separação em termos de um genitor bom e outro mau. Não caia nessa cilada! Evite a tentação de confirmar-lhes a idéia de que "o outro é o mau"!

8. Os adolescentes vêem o divórcio de outra maneira. São capazes de perceber os pais separadamente e como

indivíduos. Sem dúvida, para eles também há conflitos de lealdade. E ainda que aparentemente sejam mais maduros, tenha cuidado para que eles não se tornem seus confidentes.

É fácil abusar desses filhos maiores. E é muito prejudicial para eles ouvir coisas negativas sobre seu pai ou sua mãe, bem como ter de tomar partido de um dos dois. Para eles, é essencial lembrar que seus pais decidiram conjuntamente tê-los, e os amaram da mesma forma. Precisam de boas recordações de uma família unida. Por isso, é um ótimo momento para você lhes falar de todas essas memórias familiares.

Outras recomendações

- Ainda que já tenha sido dito, isso é tão importante que não custa reforçar:

nunca critique seu ex-cônjuge na presença de seus filhos.

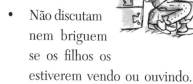

- Não discutam nem briguem se os filhos os estiverem vendo ou ouvindo.

- De comum acordo, organizem um horário de visitas que seja conveniente para todos. Uma vez decidido esse horário, seja rígido na sua implementação. *Em meio ao caos e à tamanha confusão, os filhos necessitam de uma rotina com a qual possam contar. Isso lhes dá segurança.*

- Compartilhe com seu ex-cônjuge as boas e más notícias de seus filhos. É importante ter presente que, ainda que já não sejam mais um casal, *serão pais deles por toda a vida*.

- Assegure a seus filhos que você quer que eles mantenham uma boa relação com seu ex-cônjuge. Aconteça o que acontecer, ele/a sempre será o/a pai/mãe deles.

- Encontre formas de extravasar sua raiva e suas emoções negativas. Cuide-se e ajude-se!

- Não se esqueça: jamais use seus filhos como mensageiros, psicólogos ou confessores.

- Deixe-os saber que o desejo de ver os pais reunidos é normal, mas, ao mesmo tempo, seja claro ao explicar-lhes que é melhor terminar uma situação em que ninguém está se sentindo feliz.

- Nunca pergunte a seu filho de quem ele mais gosta. Também não o questione sobre com qual dos pais prefere viver, a não ser que ele seja um adolescente com maturidade suficiente para tomar essa decisão. Tenha cuidado!

- Faça com que tudo volte à normalidade o mais rápido possível. Em uma rotina conhecida as crianças encontram segurança.

- Leia sobre divórcio e separação. Faça isso com seu filho também. Perceber e saber que isso acontece com outras pessoas trará alívio a ambos.

CAPÍTULO 7

Como facilitar a adaptação à nova vida

Um dos aspectos mais difíceis da separação dos pais é que o filho só poderá viver com um deles. O outro somente o visitará. As saídas têm, então, uma importância enorme na etapa posterior à separação. Os pais devem ser cuidadosos e planejá-las de uma maneira rigorosa e pontual.

Sugestões para evitar problemas na fase de adaptação

- Anote as datas de saída em um calendário grande, que a criança possa ver. Saber com antecedência quando verá o/a pai/mãe ausente diminui sua angústia, como também evita que ela viva na ilusão de uma próxima visita. "Tal dia vou me encontrar com meu pai" – essa segurança lhe dará tranqüilidade.

- Assegure-se de que os momentos que passam juntos sejam valiosos e agradáveis; em algumas oportunidades, talvez até seja conveniente que a criança escolha o que vão fazer. O fundamental é "compartilhar" um tempo e um espaço juntos: para algumas crianças, talvez baste assistir à televisão no colo de seu pai.

- Para os filhos menores, saídas curtas, mas freqüentes, são melhores. A visita ao pai a cada duas semanas parecerá

uma eternidade para a criança de menos de 6 anos. É melhor vê-lo toda semana por algum tempo, ainda que brevemente. Está claro que tais visitas, apesar de curtas, também devem obedecer a uma programação.

- Se alguma vez a criança decidir que não quer sair, não reaja negativamente. No princípio é difícil para as crianças mudar de um a outro pai. Em alguns casos, elas revivem a dor do divórcio a cada ida e vinda e preferem evitá-la.

- Converse com seu filho, aceite que está confuso, permita-lhe que, por hoje, não venha, mas diga que, da próxima vez, farão, sim, um programa maravilhoso. Seja intuitivo e ouça por que ele não quer vê-lo. Se houver necessidade de fazer uma troca, faça, mas insista sobre a importância das visitas. Nunca deixe de ver seu filho por um tempo prolongado. Isso faz muito mal, pois enche a criança de raiva contra o/a pai/mãe ausente.

- Não permita que as crianças controlem os horários das saídas; esse papel cabe aos pais. No caso dos filhos maiores, sim, é conveniente consultá-los ocasionalmente, porque já têm vida social própria.

- Sem dúvida, é bom que os filhos saibam que o horário estabelecido é para ser seguido. Quando se permite que os filhos manipulem as visitas, eles encontram formas ainda mais complexas de controlar os pais. O controle deve estar nas mãos dos adultos e os filhos manipuladores, na verdade, também não se sentem bem nesse papel.

- Em muitos casos, os filhos – sobretudo os de menos de 5 anos –, no princípio, podem precisar ser obrigados a sair com o/a pai/mãe ausente. É o mesmo que acontece quando sentem medo de ir ao colégio pela primeira vez. Precisam de um pequeno empurrão dos pais. É importante que esse comando venha de *ambos* os pais.

- Ao contrário, crianças de mais de 5 anos *nunca devem ser obrigadas* a sair com o/a pai/mãe ausente. É preferível esperar que elas fiquem mais tranqüilas e voltem mais tarde, por si mesmas, dando-lhes, assim, tempo para pensar melhor.

- Se houver problemas com um filho que não quer visitar o/a pai/mãe, permita-lhe convidar um primo ou amigo próximo para que se sinta mais à vontade.

- Regra de ouro: *nunca interfira nos métodos de disciplina de seu ex-cônjuge*. Se seu filho vier com queixas de que "papai/mamãe não me deixa sair" ou "não me deixa fazer isso ou aquilo", sua resposta invariavelmente deve ser: "você deve obedecer a seu pai/sua mãe". Assim, seu ex-cônjuge também fará o mesmo, quando acontecer com ele, e seu filho sempre receberá mensagens claras, e não ambíguas, de ambos os pais.

- Nunca falte nem chegue atrasado a um encontro previamente combinado com seu filho. Os filhos pequenos, sobretudo, tendem a se sentir rejeitados e ignorados quando isso acontece. Começam a desconfiar novamente, especialmente se o pai não cumpre suas promessas ou chega sempre atrasado aos encontros. Portanto, telefone e avise, se for preciso.

- Se uma criança se negar totalmente a ver o/a pai/mãe com certa regularidade, é necessário buscar ajuda profissional.

CAPÍTULO 8

Como estimular confiança e segurança

Os diálogos com filhos de pais divorciados requerem uma *linguagem especial*. O que for dito a eles durante e depois de uma separação determinará o impacto psicológico que a separação terá sobre a vida futura deles.

Frases positivas que os filhos devem escutar

- Nós pensamos e decidimos nos divorciar porque achamos que era o melhor para todos.

- Seu/sua pai/mãe e eu o amamos muito e sempre vamos amá-lo.

- O amor que um/a pai/mãe sente por seus filhos nunca acaba.

- Ainda que tenhamos nos separado, seu/sua pai/mãe e eu estaremos sempre disponíveis para você.

- Não pense que porque seu/sua pai/mãe se foi eu vou deixar você.

- Seu/sua pai/mãe sempre estará disponível quando você necessitar, ainda que não viva mais conosco.

- Eu entendo que você não goste do fato de termos nos separado. É algo muito triste para você.

- Nós não podemos mais viver juntos. Achamos que a separação é a melhor solução.

- Você não tem nada a ver com o que aconteceu entre nós. É algo muito pessoal entre seu/sua pai/mãe e eu.

- Você é e será sempre nosso filho.

- Você é um filho maravilhoso.

- No dia em que você nasceu, seu/sua pai/mãe e eu ficamos muito felizes.

- Você sempre será a coisa mais importante para nós.

- Nós queríamos ficar juntos por toda a vida, mas apesar de termos feito todo o possível, não deu certo.

- Achamos que agora vamos nos sentir melhor. Esperamos que dentro de algum tempo você também se sinta.

- Isso não foi culpa nem de seu/sua pai/mãe nem minha.

- Cada um de nós tem uma relação especial, mas diferente com você. Você pode continuar amando nós dois. Não é necessário que você escolha apenas um de nós.

- Nossas vidas vão mudar. Vai ser difícil no princípio, mas depois, pouco a pouco, você verá que tudo vai ficar bem.

- Cada vez que você tiver uma pergunta ou algo que não entende, procure um de nós. Sempre faremos o possível para falar a verdade.

- Se quiser, pode conversar sobre isso com um amigo, tio ou professora.

Oxalá os filhos possam escutar essas frases de ambos os pais ao mesmo tempo. Recomenda-se que falem juntos com os filhos, sobretudo na primeira vez. Isso reduz bastante os seus temores porque escutam seus pais ainda como uma frente unida.

CAPÍTULO

9

A "adultificação" dos filhos de pais separados

A separação causa um desequilíbrio na família. As responsabilidades diárias são agora mais difíceis em virtude da ausência de um dos pais. A falta de dinheiro é outro problema bastante comum. Por isso, infelizmente, os filhos precisam crescer mais rápido e começam a assumir "responsabilidade" que ainda não lhes pertence.

É preciso ter muito cuidado com isso. Os filhos podem acabar se transformando em "pais dos pais" e isso não pode acontecer!

Não transfira seus problemas para as crianças

Sem querer, os pais comentam suas preocupações diante dos filhos, sejam elas amorosas, econômicas ou de qualquer tipo. Muitos pais até pedem conselhos aos filhos. E isso os confunde muito. De certa maneira, eles gostam de poder ajudar os pais, mas, por outro lado, dar uma opinião pode comprometer sua lealdade.

Em consultas psicológicas, encontrei muitas crianças "adultificadas" em conseqüência de um divórcio. Não conseguem se concentrar nos deveres escolares, pois estão preocupadas com outros assuntos. Preocupam-se com que o dinheiro do pai ou da mãe não seja suficiente, que venham a passar necessidades, com a briga da mãe com o namorado etc.

Lembre-se: seus filhos já têm o bastante com que se preocupar por si mesmos para ainda terem de investir mais energia nos problemas dos adultos. Os pais devem ser muito discretos quando se encontram no processo de buscar apoio moral. Podem fazê-lo com pessoas próximas a eles, não com os filhos.

CAPÍTULO 10

A recuperação

$\mathcal{R}$ecuperar-se de um divórcio leva tempo. É um processo lento que, como já dissemos, tem diferentes etapas. Porém, o mais importante é a recuperação dos pais, que vai determinar o bem-estar dos filhos.

Viver conscientemente cada etapa

- Leve em conta que vocês, pais, são seres humanos, não super-heróis, portanto não coloquem pressão excessiva sobre si mesmos. Há pessoas que querem sentir-se bem rapidamente.

Isso não é possível. São tantas as áreas da vida afetadas, que é preciso ser paciente. O que se pode fazer, sim, é ter uma mente aberta e receptiva a possíveis ajudas.

- Uma cilada em que muitos casais caem é a do "vínculo parcial". Isso ocorre quando, mesmos depois da separação, os pais continuam unidos por um vínculo que, de qualquer ponto de vista, dá mau resultado. Continuam a se machucar, a ter relações sexuais ocasionais e a manter uma falsa relação muito pouco clara para todos, principalmente para os filhos.

Grande parte dos filhos sofre muito depois de um divórcio em decorrência desse tipo de relação conflituosa entre o casal. As crianças não sabem a que se ater. Há momentos em que o pai e a mãe estão juntos e há outros em que não podem nem se ver.

Meu conselho:

Para os filhos, as coisas devem ser claras. Uma vez tomadas as decisões e desfeito o vínculo, as atitudes devem estar de acordo com as resoluções.

As "águas mornas", que alguns vêem como uma transição, podem ser muito prejudiciais.

- Para uma criança, o divórcio é apenas um pouco menos traumatizante que a morte de um dos pais. Portanto, sua recuperação é lenta. Não é preciso desesperar-se porque a criança está triste, aborrecida ou porque mudou. Isso é natural.

- Nós, psicólogos, preocupamo-nos muito com as crianças que não reagem. A criança que continua como se nada tivesse acontecido vai sofrer muito mais no futuro. Não pode elaborar sua perda, e hoje já se sabe que o cérebro é incapaz de processar e esquecer o "negativo" sem ajuda. O divórcio é algo que desperta muitos sentimentos negativos, que ficam guardados no inconsciente, convertendo-se depois em um trauma maior.

- A criança ou o adulto que não apresente sintomas de tristeza ou raiva, mais adiante vai manifestá-los de outra forma, em geral muito pior, como a ansiedade crônica, a somatização, os tiques nervosos ou as fobias.

- É de vital importância, para a recuperação de todos, que as crianças entendam a mensagem de que *a família não está acabando*. Conversar com elas conjuntamente e com freqüência acerca de tudo isso será essencial. Procure mostrar a seus filhos que há um plano traçado para que todos se mantenham em contato.

- Da mesma forma, procure saber dos receios e dúvidas que eles tenham. Se a criança for pequena, estimule-a a desenhar. Esse meio lhe permite expressar muito bem os medos e ansiedades. Também escute suas queixas e cumpra as promessas que fizer. As crianças vão pôr à prova as novas regras. Se você e seu ex-cônjuge forem firmes, elas se darão conta de que isso é sério, e deixarão de questioná-los.

- *Lembre-se*: quando uma relação conjugal e um lar acabam, há necessidade de começar outro tipo de dinâmicas e costumes, mas, como tudo na vida, as mudanças se estabelecem de forma gradual, pouco a pouco.

CAPÍTULO 11
As novas relações dos pais

É lógico esperar que os pais separados encontrem novos parceiros. E isso também precisa ser trabalhado com as crianças. Não é fácil para elas aceitar outra

pessoa na vida de seus pais. Acreditam que agora perderão definitivamente o amor do pai ou da mãe. Outras, ainda, estão esperando que os pais voltem a viver juntos e, por isso, a chegada de uma terceira pessoa é uma traição.

Como lidar com as crianças

- Se você é recém-separado/a e tem um/a namorado/a, *não permita que seus filhos passem o tempo deles com você e a nova pessoa*. As crianças se ressentem com isso, e a nova pessoa se transforma em um obstáculo na relação entre pais e filhos. Dê-se um tempo de ajuste com seus filhos e, somente quando estiver seguro de seu novo relacionamento, apresente a pessoa a seus filhos.

- Os filhos necessitam de pelo menos seis meses a sós com seu pai ou sua mãe antes que uma terceira pessoa seja apresentada. Também é muito prejudicial para os filhos de pais divorciados conhecerem uma série de namorados ou namoradas. Submeter as crianças a um excesso de ajustes é injusto e cruel com elas.

- É bom comunicar a seu ex-cônjuge sua intenção de voltar a se casar antes de contar a seus filhos. A tensão para a criança será muito menor se souber que todos estão de acordo com o novo casamento. Para muitos ex-cônjuges é muito difícil aceitar o casamento do/a ex-parceiro/a. Isto é pior quando o outro não encontrou uma relação satisfatória. Apesar disso, é bom contar-lhe e incluí-lo na decisão para que seus filhos sofram menos.

- A tendência dos filhos é a de sempre rejeitarem a nova pessoa. Essa relação deve se dar pouco a pouco, não pode ser forçada. Nem mesmo se deve obrigar a criança a chamar de "pai" ou "mãe" ao novo cônjuge. É preciso explicar-lhe muito bem que essa pessoa vai ser um/a amigo/a, e nada mais. Muitos padrastos e madrastas se colocam no papel de novos pais ou mães muito rapidamente. As crianças não aceitam isso. E lembre-se: *a autoridade e a disciplina cabem aos pais*, não aos padrastos. A relação que se deve pleitear é de amizade e respeito.

- Como para os filhos, geralmente, é muito difícil aceitar uma pessoa diferente, toda nova relação deve se estabelecer pouco a pouco, dando-lhes tempo para se recuperar e adquirirem confiança. Somente assim irão se ressentir menos da outra pessoa, que eles acreditam ter vindo para tirar o amor de um dos pais.

- É normal que, no início, seu filho faça comentários negativos sobre a nova pessoa. Não o leve tão a sério; no princípio isso é comum. Ele a vê como uma rival, mas, com o passar do tempo, vai se dar conta de que não é verdade. Não julgue severamente seu filho caso ele não goste de seu/sua novo/a companheiro/a inicialmente. Mais uma vez, a paciência e o tempo são os melhores aliados. À medida que a criança conhece mais a outra pessoa, e se convence de que vocês continuam a amá-la do mesmo jeito, vai permitir que uma nova amizade floresça. Forçar uma criança a amar alguém é impossível. A única coisa que você pode fazer é assegurar-se de que seja respeitosa.

- Por último, é melhor que o padrasto ou a madrasta se abstenha de manter discussões sobre a educação das crianças com a mãe ou o pai biológico. Essas conversas devem ocorrer somente entre os pais.

Sumário

Capítulo 1
O ressentimento dos pais............9

Capítulo 2
Como se ajudar............15
    Entender o que aconteceu............15
    Aceitar o fato de que o casamento
    acabou............17
    Cuidar de si mesmo/a............18
    Buscar apoio em familiares e amigos......20

Capítulo 3
Os filhos se julgam culpados............21
    Quais as razões para os filhos
    se sentirem culpados?............22

Capítulo 4
Outras conseqüências............27
    Baixa auto-estima............27
    Sensação de traição............28
    Manipulação............30

Queda de disciplina e rendimento
escolar..32
Relação conjugal difícil quando
adulto..33
Sensação de ser "usado"............................34

Capítulo 5
As etapas de dor vividas pelos filhos...37
Negação..39
Raiva...41
Negociação..45
Depressão..47
Aceitação..51

Capítulo 6
O que os pais devem fazer..........................53
Atitudes que minimizam as conseqüências
negativas da separação para os filhos.......53
Outras recomendações...............................56

Capítulo 7
Como facilitar a adaptação à nova vida.61
Sugestões para evitar problemas
na fase de adaptação..................................61

Capítulo 8
Como estimular confiança e segurança... 69
   Frases positivas que os filhos
   devem escutar... 70

Capítulo 9
**A "adultificação" dos filhos de pais
separados** 75
   Não transfira seus problemas
   para as crianças... 76

Capítulo 10
A recuperação 79
   Viver conscientemente cada etapa............ 79

Capítulo 11
As novas relações dos pais........................... 85
   Como lidar com as crianças....................... 86

CADASTRE-SE

www.paulinas.org.br

Para receber informações sobre nossas novidades na sua área de interesse:

- Adolescentes e Jovens • Bíblia
- Biografias • Catequese
- Ciências da religião • Comunicação
- Espiritualidade • Educação • Ética
- Família • História da Igreja e Liturgia
- Mariologia • Mensagens • Psicologia
- Recursos Pedagógicos • Sociologia e Teologia.

Telemarketing 0800 7010081